ANA CRISTINA CESAR

CACASO

TORQUATO NETO

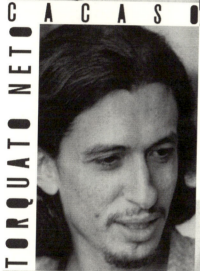

DESTINO
:POESIA
ANTOLOGIA

PAULO LEMINSKI

WALY SALOMÃO

Trilha sonora, Ana C. Cesar

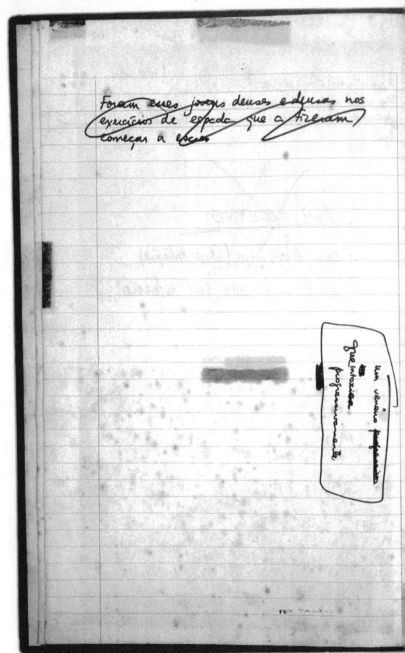

~~O início de tudo~~ no que resta

~~Prefácio~~ ~~Prefácio~~

~~Foram esses jodos, deixas e sonos nos quadros do registo~~

Trilha sonora ao fundo: piano no bordel, vozes barganhando
uma informação difícil. Agora silêncio; silêncio eletrônico,
produzido no sintetizador que antes constituiu a ameaça das
asas batendo freneticamente.

Apuro técnico.

Os canais que só existem no mapa.

O aspecto moral da experiência.

O suborno no bordel.

Primeiro ato de imaginação.

Eu tenho uma ideia.

Eu não tenho a menor ideia.

Uma frase em cada linha. Um golpe de exercício.

~~Você pensa que é menor.~~

~~Um menor que precisa de mentor~~

~~A imaginação feminina~~

~~Deixe ver.~~

~~A imaginação feminina no papel.~~

➤ Memórias de Copacabana. Santa Clara à 3 da tarde.

~~Memórias de Copacabana. Santa Clara à 3 da tarde.~~

~~Qual~~ ~~a~~ Autobiografia. Não, biografia.

Mulher.

Papai Noel e os marcianos.

Billy the Kid versus Drácula.

Drácula versus Billy the Kid.

Muito sentimental.

Agora pouco sentimental.

Pense no seu amor de hoje que sempre dura menos que o seu
amor de ontem.

Gertrude: estas são idéias bem comuns.

Apresenta a jazz-band.

MANHÃ PROFUNDA

p/ Maria Alice

Um passarinho cantou tão triste
tão sozinho
um outro respondeu espere já vou
aí já vou aí já vou aí

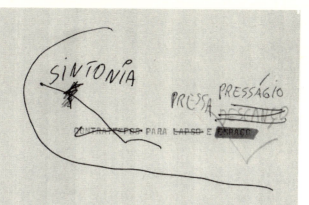

Escrevia no espaço.
Hoje, grafo no tempo,
na pele, na palma, na pétala,
luz do momento.

Sôo

Escrevo na dúvida que separa
o silêncio de quem grita
do escândalo que cala,
no tempo, distância, praça,
que a pausa, asa, leva
para ir do percalço ao espasmo.

Eis a voz, eis o deus, eis a fala,
eis que a luz se acendeu na casa
e não cabe mais na sala.

p leminski
87

Sintonia para pressa e presságio, Paulo Leminski

Cogito, Torquato Neto

cogito

eu sou como eu sou
pronome
pessoal intransferível
do homem que iniciei
na medida do impossível

eu sou como sou
agora
sem grandes segredos dantes
sem novos segredos dentes
nesta hora

eu sou como eu sou
presente
desferrolhado indecente
feito um pedaço de mim

eu sou como sou
vidente
e vivo tranquilamente
todas as horas do fim.

20.10

Verão

Desde que o Imperador Amarelo
Quebrou a barra do dia
E irrompeu com sua forja
O horizonte febril
Que numa espada de luz
Serra a água ~~serra a água~~
E a areia vibrátil doura.
Hoje nada tolda a puríssima
Produção do estio.
Azul excessivo solda
Céu e mar.

Verão, Waly Salomão

Crédito das imagens e manuscritos por autor:

Ana Cristina Cesar
CECILIA LEAL / INSTITUTO MOREIRA SALLES

Cacaso
IUGO KOYAMA / ABRIL COMUNICAÇÕES S.A / CASA DE RUI BARBOSA

Paulo Leminski
PAULO RICARDO BOTAFOGO / ACERVO DA FAMÍLIA

Torquato Neto
ACERVO ARTÍSTICO DE TORQUATO NETO

Waly Salomão
MARTA BRAGA, NOVA YORK, 1975 / HERDEIROS DE WALY SALOMÃO

DESTINO
:POESIA

ORGANIZAÇÃO: ITALO MORICONI

DESTINO :POESIA

ANTOLOGIA

ANA CRISTINA CESAR
CACASO
PAULO LEMINSKI
TORQUATO NETO
WALY SALOMÃO

4ª edição

JO JOSÉ OLYMPIO

Rio de Janeiro, 2025

Ana Cristina Cesar © Flavio Lenz Cesar e Luis Felipe Lenz Cesar
Cacaso © Copyrights Consultoria
Torquato Neto © Thiago Silva de Araújo Nunes
Waly Salomão © herdeiros de Waly Salomão
Paulo Leminski © Alice Ruiz Schneronk, Aurea Alice Leminski, Estrela
Ruiz Leminski

A editora José Olympio agradece a colaboração dos herdeiros, do Instituto Moreira Salles e da Fundação Casa de Rui Barbosa.

CIP-BRASIL. CATALOGAÇÃO NA FONTE
SINDICATO NACIONAL DOS EDITORES DE LIVROS, RJ

D491   Destino: poesia / organização Italo Moriconi; Ana Cristina
4ª ed.   Cesar... [et al.]. – 4ª ed. – Rio de Janeiro: José Olympio, 2025.

ISBN 978-85-03-00983-6

1. Antologias (Poesia brasileira). I. Moriconi, Italo. II. Cesar,
Ana Cristina.

                                 CDD: 869.93008
10-6181   CDU: 821.134.3(81)-3(082)

Este livro foi revisado segundo o novo Acordo Ortográfico da Língua Portuguesa.

Todos os direitos reservados. Proibida a reprodução, armazenamento ou transmissão
de partes deste livro, através de quaisquer meios, sem prévia autorização por escrito.

Reservam-se os direitos desta edição à
EDITORA JOSÉ OLYMPIO LTDA.
Rua Argentina, 171 – 3º andar – São Cristóvão
20921-380 – Rio de Janeiro, RJ
Tel.: (21) 2585-2060

Seja um leitor preferencial Record.
Cadastre-se em www.record.com.br e receba informações
sobre nossos lançamentos e promoções.

Atendimento e venda direta ao leitor:
sac@record.com.br

ISBN 978-85-03-00983-6

Impresso no Brasil
2025

SUMÁRIO

Apresentação   9

ANA CRISTINA CESAR

"Trilha sonora ao fundo: piano no bordel, vozes barganhando"   23
Inverno europeu   26
Noite carioca   27
Conversa de senhoras   28
Vacilo da vocação   30
Samba-canção   31
Primeira lição   33
"olho muito tempo o corpo de um poema"   34
Enciclopédia   35
16 de junho   36
Jornal íntimo   37
"Enquanto leio meus seios estão a descoberto."   39
Flores do mais   40
Algazarra   42
"houve um poema"   44

Cacaso

Postal	47
Manhã profunda	48
Tiau Roberval (ou: Vai nessa, malandro)	49
O fazendeiro do mar	53
Lar doce lar	60
"Passou um versinho voando? (...)"	61
Hora do recreio	62
Cartilha	63
Cinema mudo	65
Grupo escolar	67
Logias e analogias	68
As aparências revelam	69
Reflexo condicionado	70
Jogos florais	71
O pássaro incubado	72

Paulo Leminski

"das coisas"	77
"um deus também é o vento"	78
"furo a parede branca"	79
"a noite"	80
"duas folhas na sandália"	81
"a estrela cadente"	82
"o inseto no papel"	83
"de som a som"	84
"meiodia três cores"	85
"pôr de sol pingo de sangue"	86
"morreu o periquito"	87
Aviso aos náufragos	88
A lua no cinema	90

"Marginal é quem escreve à margem" — 91
Narájow — 92
Sintonia para pressa e presságio — 93

TORQUATO NETO

Cogito — 97
"Agora não se fala mais" — 98
Literato cantabile — 100
"A poesia é a mãe das artes" — 102
"Muito bem, meu amor" — 103
Go back — 104
Mamãe, coragem — 106
Geleia geral — 108
Let's play that — 111

WALY SALOMÃO

Olho de lince — 115
Confeitaria Marseillaise — Doces e rocamboles — 116
Nosso amor ridículo se enquadra na moldura dos séculos — 117
Ars poética / operação limpeza — 119
Mãe dos filhos peixes — 121
Hoje — 123
Orapronobis — 125
Amante da algazarra — 127
Remix "Século Vinte" — 128
Verão — 132
Pista de dança — 133
Oca do mundo — 138
Saques — 140
Grumari — 142

Os autores

ANA CRISTINA CESAR	145
CACASO	147
PAULO LEMINSKI	149
TORQUATO NETO	151
WALY SALOMÃO	153

BIBLIOGRAFIA 155

CRÉDITO COMPLETO DOS POEMAS 159

APRESENTAÇÃO

quando eu nasci
um anjo louco muito louco
veio ler a minha mão

TORQUATO NETO

A década de 70 do século XX no Brasil foi tempo de muita poesia e muita loucura. Sim, eram tempos de ditadura militar na política. Mas foi também o tempo da chegada da TV em cores, das viagens ao exterior pela classe média, do milagre econômico que propiciou as grandes lutas sindicalistas de 1978 em diante, das frustrações em 1974 e 1978, do futebol tricampeão em 1970. E como não poderia deixar de ser mencionado, tempo de muita "curtição" e "desbunde" — palavras cunhadas na época. Tempos de contracultura, de comportamentos hippies e/ou transgressores, de jovens vivendo em comunidades, questionando o sistema social, as convenções e instituições estabelecidas. Tempo de jovens, de poetas jovens. Poetas que ficaram conhecidos como integrantes da "geração 70" ou "geração marginal". Discípulos, na literatura, do impacto produzido na cultura e no comportamento pelo advento do rock internacional e da MPB local. Também se falou deles como "geração mimeógrafo", pelo caráter artesanal dos livrinhos de poesia, populares na época, vendidos pelo próprio poeta em portas de cinemas, teatros, bares. Uma prática que, na verdade, aqui e ali, permanece até hoje. Poesia é artigo que circula de mão em mão e se fortalece no boca a boca.

Alguns dos mais talentosos poetas dos anos 1970 nos deixaram cedo demais. Parece uma loucura. São cinco, neste volume — Ana Cristina Cesar ou Ana C., Cacaso ou Antonio Carlos de Brito, Paulo Leminski, Torquato Neto, Waly Salomão. Loucura das utopias — saudável. Loucura da vertigem — arriscada. Loucura da perda — travo amargo da saudade. Os cinco deram respostas vivenciais e estéticas a seu tempo, regido pela lei número 1 da loucura utópica: mais vale viver 100 anos em 10, que 10 anos em 100. Como resultado da aceleração vital com a qual se jogaram inteiros na escrita, acabaram por reatualizar o mito, romântico, do caráter aventureiro e arriscado, fatal ou trágico, de um "destino de poeta". Mas de poetas e loucos, todos nós temos um pouco.

Porém, como conjunto, esses poetas não produziram uma poesia de angústia ou sofrimento. Muito pelo contrário — o leitor poderá constatar em cada página desta antologia que a poesia surgida dos anos 1970 tem mais a ver com euforia e celebração, às vezes ironia, frequentemente desencanto. Na proposta de fusão entre poesia e vida, traço típico da geração 70, identificado já por sua primeira crítica e antologista, Heloísa Buarque de Hollanda, os cinco poetas aqui apresentados estiveram entre os que exploraram até o limite a inextricável e sempre misteriosa sinergia entre vida, criação e morte. Para o bem e para o mal. Deles e nosso. O bem é a poesia, presença perene. O mal é a saudade, ausência presente. Nos corações e mentes dos demais poetas e artistas surgidos nos anos 1970, ainda vivos e produtivos, chegando por agora à casa dos 60 anos de idade, Ana C.-Cacaso-Leminski-Torquato-Waly permanecem como referência. Seus versos acendem o clarão de nossa imagem da juventude fixada no tempo — efêmera, eterna.

* * *

A saída de cena de cada um destes poetas aconteceu em momentos diferentes, por causas diversas. Torquato com seu suicídio inaugura a década de 1970 poética pelo avesso, feito um anjo maldito. O legado errático de suas palavras vertiginosas, como poeta, letrista, jornalista, sedimentam o terreno contracultural que nutre a produção de todos os demais. As obras deixadas por estes acabaram por definir também, em boa medida, o ambiente poético dos períodos seguintes. Ana Cristina Cesar suicidou-se em 1983, mas a ausência física não impediu que a presença de sua poesia se mostrasse determinante desde então. Seu corpo poético foi devida e antropofagicamente devorado, apropriado de maneira decisiva pela linguagem de inúmeras poetas mulheres.

Dos cinco poetas aqui selecionados, Waly Salomão foi o mais longevo: morreu aos 59 anos de idade, em 2003. Logrou portanto atingir a plena maturidade física. Waly foi tão poeta dos anos 1990 quanto tinha sido dos 1970. Se por um lado não há dúvida que a "vidaobra" de Waly é das que melhor encarnam o "desbunde" dos anos 1970, junto às de Torquato e Leminski, por outro, sua linguagem poética passou por transformações importantes no período seguinte, mostrando uma reconciliação com o verso livre modernista clássico, em lugar da justaposição aleatória entre prosa caótica e fragmentação poética tão característica da literatura de vanguarda contracultural, de que o melhor exemplo tinha sido seu primeiro livro, *Me segura que eu vou dar um troço*, reeditado em 2003 em uma coedição da Biblioteca Nacional. Porém, por mais reconciliada que se mostrasse com a cultura institucional, a poesia de Waly jamais abandonou seu substrato ideológico, a contracultura como atitude existencial de radical abertura a todas as experiências e possibilidades, uma vida sem preconceitos. Uma vida artística.

Em contraste, as obras deixadas por Leminski e Cacaso estão mais caracteristicamente enraizadas no clima poético daquilo a que nos acostumamos a chamar, em poesia, de geração marginal, apesar do termo ainda provocar polêmicas entre especialistas. São obras que ficaram exemplares, mas não ficaram datadas, porque ambos os poetas, em que pesem as diferenças, praticaram um lirismo puro, essencial, que logo atrai o leitor de poesia, iniciante ou não. O mineiro-carioca Cacaso e o paranaense-paulista Leminski trabalharam a poesia no nível da proteína pura, no nível de sua expressão mais simples e vital. Imagem em Leminski. Ironia dilacerada em Cacaso.

* * *

Traço comum aos poetas presentes nesta coletânea, com exceção de Ana Cristina Cesar, é que todos foram letristas de música. Nessa qualidade, particularmente Torquato e Waly estiveram associados ao Tropicalismo do final dos anos 1960. No caso de Leminski, o encontro com o movimento se deu pelo vínculo que o poeta mantinha desde muito jovem — início dos anos 1960 — com o já então veterano grupo dos concretistas de São Paulo. Hoje a história desses encontros está parcialmente narrada pelo ponto de vista de um de seus principais protagonistas, Caetano Veloso, no livro *Verdade tropical*.

Na medida em que o objetivo aqui é a literatura, as letras de autoria dos poetas não foram incluídas no universo da pesquisa, apenas seus poemas propriamente literários, sua "poesia de livro", como dizia Waly. A exceção é Torquato Neto, que sob vários aspectos ocupa um lugar especial entre os demais: anjo ambivalente, maldito e benfazejo, como todo poeta influente que morre cedo demais. Torquato deixou exígua produção poética estritamente literária, embora possamos aceitar tranquilamente a ideia de que *ser-poeta* era o núcleo de sua presença criadora e agitadora. Num dado e fugaz momento, ele representou performaticamente a figura do poeta contracultural. Evoquemos o que ele próprio afirmou em um de seus mais conhecidos poemas: "a poesia é a mãe das artes / & das manhas em geral (...) / o poeta é a mãe das artes / e das manhas em geral. Alô poesia (...)". O leitor e a leitora da presente antologia encontrarão, pois, aqui, tratados como poemas literários ("poemas de livro", para citar novamente a fórmula inteligente de Waly), algumas famosas letras de Torquato, que viraram ícones de uma sensibilidade de época.

A duplicidade entre letrista e "poeta de livro" evidencia o caráter formador que a MPB teve na origem da poesia dos anos 1970. Embora não fosse letrista, Ana C. também dá testemunho desse fato, como podemos observar tanto no poema "Samba-canção", incluído na presente antologia, quanto nas alusões a canções e referências a músicos populares, nacionais e estrangeiros, frequentes nos seus textos. O fato é que pela primeira vez na história da poesia literária brasileira, e quiçá mundial, um novo movimento inspirou-se não primordialmente em ícones literários do passado e sim na palavra cantada de seu próprio tempo. A poesia brasileira de livro, nos anos 1970, nutriu-se das letras de música: ela existiu em seu momento original como aspecto do fenômeno pop mais amplo. Daí porque a figura-pivô de Torquato assume valor simbólico de arquétipo.

Por meio da conexão original entre a poesia surgida nos anos 1970 e o legado da MPB e do Tropicalismo, evidencia-se o elo com a década anterior. O clima libertário dos anos 1970 é uma continuidade do espírito revolucionário dos anos 1960. Com efeito, os movimentos hippie e pacifista, assim como a utopia de um mundo mais igualitário e menos capitalista, foram acontecimentos globalmente massificados nos anos 1960. Os anos 1970 na verdade trouxeram hesitação e ambivalência diante das revoluções dos anos 1960 — basta lembrar o "The dream is over" de John Lennon, traduzido por Gilberto Gil na letra famosa — "O sonho acabou / quem não dormiu no *sleeping bag* / nem sequer sonhou...". No Brasil, a percepção do fim do sonho tinha também a ver com o recrudescimento da repressão e da censura pela ditadura militar nos primeiros anos da década de 1970, durante o governo Médici. Havia a euforia do que na época foi chamado de milagre econômico e havia a depressão trazida pela ausência de democracia, com tantos políticos e militantes presos, exilados, desaparecidos. Essa situação dilacerada é perfeitamente captada pelos versos de Cacaso em "Jogos florais": "Ficou moderno o Brasil / ficou moderno o milagre: / a água já não vira vinho, / vira direto vinagre." Milagre rimando com vinagre. Com Francisco Alvim, Roberto Schwarz, entre outros, Cacaso foi dos poetas dos anos 1970 que incorporou a seus versos o registro ácido dos chamados "anos de chumbo" no Brasil.

* * *

Uma vez compreendida a moldura histórica e biográfica até aqui sucintamente delineada, peço ao leitor e à leitora da presente antologia que leiam os poemas selecionados em sua qualidade intrínseca de poemas, sem se preocuparem muito com o contexto específico que os viu nascer. Um poema só sobrevive se consegue afetar leitores de épocas que já nada têm a ver com seu momento de origem. Existem nas obras de arte verdades estéticas que só emergem com o passar do tempo. Essas verdades repõem-se a cada época e seu valor supera o das verdades propriamente históricas e biográficas. Em nosso início de século a poesia da geração 70 é a bola da vez nessa espécie de tribunal estético cíclico. Cabe à atual geração de leitores decidir se a produção poética das últimas décadas do século passado merece permanecer como patrimônio literário de nossa cultura.

O leitor e a leitora encontrarão aqui uma amostra da variedade de formas adotadas pelos poetas que compõem o volume. Será possível depreender dos poemas selecionados algo do perfil individual de cada um deles. Será também possível estabelecer linhas de semelhança e de diferença entre eles. A esperança do antologista é que a leitura dos poemas selecionados leve leitor e leitora a quererem conhecer mais extensivamente a obra de cada poeta, a desejarem inteirar-se melhor do panorama poético brasileiro nos últimos 35 a 40 anos. Em suma, esta antologia se propõe como uma, dentre outras possíveis, portas de entrada para a poesia brasileira.

* * *

Podemos enumerar as seguintes características gerais dos poemas aqui apresentados: 1) uso de linguagem coloquial, muitas vezes incorporando gírias e palavras bem corriqueiras do cotidiano; 2) presença forte do poema curtinho, que pode chegar a ter apenas uma linha, como neste de Cacaso: "Passou um versinho voando? Ou foi uma gaivota?"; 3) incorporação de um tom conversacional e discursivo em vários poemas, recurso este que assume formas diversificadas, podendo estar presente tanto em poemas mais longos quanto nos curtos; 4) isso porque, contrastando com a moda do poema curto, ocorre por outro lado uma aproximação com a prosa poética, que também assume formas diversificadas, particularmente em Ana C. e Waly; 5) lembrando que poesia é brincar com palavras, a utilização frequente da simples enumeração ou da repetição de palavras (*à la* Carlos Drummond) como recurso eficaz de expressão poética, como podemos verificar, apenas para citar dois exemplos mais ostensivos, nos poemas "O fazendeiro do mar", de Cacaso, e "Remix 'século vinte'" de Waly Salomão; 6) caráter frequente e propositalmente aleatório das relações entre versos, ideias, imagens, provocando no leitor a sensação de falta de sentido — na poesia, muitas vezes o significado está na aparente falta de significado. O leitor de poesia não pode ter pressa em decodificar nem achar que vai arrumar de maneira muito quadrada e certinha a interpretação de um tipo de texto (o poético) cujo primeiro objetivo é simular os processos de mentar e comunicar. Os poetas surgidos nos anos 1970 nem sempre ou quase nunca gostavam de "fechar" seus poemas com significados "redondinhos".

Às vezes a melhor maneira de interpretar um poema é escrever outro poema. Imprescindível para curtir poesia da melhor forma é fazer leituras em voz alta dos poemas que preferimos ou daqueles que achamos que precisamos entender melhor. Ler um livro de poesia é sempre reler os poemas que nos agradaram numa primeira folheada básica. Ler poesia deve ser feito de maneira respirada, a intervalos. Não se lê um livro de poesia como romance — leitores de poesia têm o poder de embaralhar a ordem de leitura, começando, se quiserem, pelo meio, ou pelo fim, ou simplesmente indo e voltando.

* * *

Podemos pinçar como amostra de algumas das tendências da poesia contemporânea, definidas a partir dos anos 1970, o poema com que se abre a presente antologia, de autoria de Ana C. Poema sem título, cujas duas primeiras linhas dizem: "Trilha sonora ao fundo: piano no bordel, vozes barganhando / uma informação difícil. Agora silêncio; silêncio eletrônico (...)." Observamos que essas duas linhas, mais as duas seguintes, até "asas batendo freneticamente", podem ser lidas como prosa, de tal modo que o corte dos versos visa sobretudo a definir um ritmo. A poesia é operada como prosa entrecortada, ritmada. Em suma: *sintetizada*, aludindo ao ritmo bate-estaca de música eletrônica que depois caracterizará o poema.

Verificamos em seguida que a partir da quinta linha (que diz simplesmente "Apuro técnico."), Ana C. adota novamente nesse poema a estrutura básica do verso. Porém, o mix entre prosa e poesia permanece até o final do poema, porque todos os versos são frases completas. O poema, altamente experimental e vanguardista, se compõe da superposição de frases, que são como que fragmentos de prosa: "Os canais que só existem no mapa. / O aspecto moral da experiência. / Primeiro ato da imaginação. / Suborno no bordel. / (...)" e por aí vai, frase sobre frase, fragmento de prosa sobre fragmento de prosa, até o final, em que o poema lança em inglês a dúvida fatal: "Do you believe in love...?" — "Você acredita no amor?".

Por esse final, verificamos que o poema tematiza a incerteza do sujeito sobre seus próprios sentimentos, ou até mesmo sobre sentimentos em geral (o amor existe? pergunta Ana C., entre irônica e banal). A partir daí, podemos reler o poema como uma desconstrução do sentimentalismo no contexto do mundo urbano contemporâneo. Cada frase funciona como um *flash*. Cada frase pode ser apenas um pedaço de conversa entreouvida. Esse mesmo recurso é operado por Ana C. no poema "Conversa de senhoras", apanhado aleatório de frases entreouvidas. Assim, o recurso de utilizar fragmentos de prosa como base para versos que são compostos de uma ou de no máximo duas frases completas é uma maneira de incorporar à poesia a dinâmica da conversação, tal como absorvida nos vertiginosos ambientes contemporâneos e tendo em vista os voláteis e incertos sentimentos que eles despertam. Não há uma lógica linear e evidente na sequência dos versos. Há uma sequência de cenas criando o poema como representação de uma ambiência que envolve o sujeito. Música eletrônica de palavras.

Já num outro poema também de Ana C. encontraremos a explicação ou a justificativa da presença avassaladora do poema curto (o "poema-minuto") na produção da geração 70. Em "Vacilo da vocação", a poesia é definida por oposição às supostas disciplina e tenacidade exigidas pela arte de pintar. "A poesia não", diz Ana C. E continua: "(...) telegráfica — ocasional — / me deixa sola — solta — / à mercê do impossível — / — do real." Ocasional e telegráfico, o poema curto dos anos 1970 é anotação do cotidiano. O poeta está perdido entre suas fantasias e as obrigações do real, e de vez em quando baixa um *insight* que ele anota: nasceu o poema marginal. Não há dúvida que dentre os poetas aqui presentes, seus dois principais praticantes foram Cacaso e Paulo Leminski. Eles são apenas a ponta do *iceberg*. Na segunda metade dos anos 1970, o poema-minuto tornou-se de certa forma hegemônico na cena poética. Entre os poetas dessa geração ainda vivos e produtivos, destacam-se Chacal e Francisco Alvim, além de muitos outros, como, entre as mulheres, uma Leila Míccolis, uma Alice Ruiz. No caso de Leminski, há toda uma aproximação com a cultura oriental e com a tradição do haicai. O leitor poderá também constatar nas páginas que se seguem que Leminski, herdeiro parcial do Concretismo, manteve vivo nos anos 1970 e 1980 o poema curto visual. Há toda uma vertente visualista da poesia marginal dos anos 1970 que permanece virgem de documentação sistemática.

Seja como for, o leitor e a leitora desta antologia estão convidados a conhecer ou revisitar cinco vozes inauguradoras da poesia contemporânea brasileira, suficientemente documentadas. Façam, pois, um bom proveito.

ITALO MORICONI

DESTINO
:POESIA

ANTOLOGIA

ANA CRISTINA CESAR

Trilha sonora ao fundo: piano no bordel, vozes barganhando uma informação difícil. Agora silêncio; silêncio eletrônico, produzido no sintetizador que antes construiu a ameaça das asas batendo freneticamente.

Apuro técnico.

Os canais que só existem no mapa.

O aspecto moral da experiência.

Primeiro ato da imaginação.

Suborno no bordel.

Eu tenho uma ideia.

Eu não tenho a menor ideia.

Uma frase em cada linha. Um golpe de exercício.

Memória de Copacabana. Santa Clara às três da tarde.

Autobiografia. Não, biografia.

Mulher.

Papai Noel e os marcianos.

Billy the Kid versus Drácula.

Drácula versus Billy the Kid.

Muito sentimental.

Agora pouco sentimental.

Pensa no seu amor de hoje que sempre dura menos que o seu amor de ontem.

Gertrude: estas são ideias bem comuns.

Apresenta a jazz-band.

Não, toca blues com ela.

Esta é a minha vida.

Atravessa a ponte.

É sempre um pouco tarde.

Não presta atenção em mim.

Olha aqueles três barcos colados imóveis no meio do grande rio.

Estamos em cima da hora.

Daydream.

Quem caça mais o olho um do outro?

Sou eu que admito vitória.

Ela que mora conosco então nem se fala.

Caça, caça.

E faz passos pesados subindo a escada correndo.

Outra cena da minha vida.

Um amigo velho vive em táxis.

Dentro de um táxi é que ele me diz que quer chorar mas não chora.

Não esqueço mais.

E a última, eu já te contei?

É assim.

Estamos parados.

Você lê sem parar, eu ouço uma canção.

Agora estamos em movimento.

Atravessando a grande ponte olhando o grande rio e os três barcos colados imóveis no meio.

Você anda um pouco na frente.

Penso que sou mais nova do que sou.

Bem nova.

Estamos deitados.

Você acorda correndo.

Sonhei outra vez com a mesma coisa.

Estamos pensando.

Na mesma ordem de coisas.

Não, não na mesma ordem de coisas.

É domingo de manhã (não é dia útil às três da tarde).

Quando a memória está útil.

Usa.

Agora é a sua vez.

Do you believe in love...?

Então está.

Não insisto mais.

INVERNO EUROPEU

Daqui é mais difícil: país estrangeiro, onde o creme de leite é desconjunturado e a subjetividade se parece com um roubo inicial. Recomendo cautela. Não sou personagem do seu livro e nem que você queira não me recorta no horizonte teórico da década passada. Os militantes sensuais passam a bola: depressão legítima ou charme diante das mulheres inquietas que só elas? Manifesto: segura a bola; eu de conviva não digo nada e indiscretíssima descalço as luvas (no máximo), à direita de quem entra.

NOITE CARIOCA

Diálogo de surdos, não: amistoso no frio. Atravanco na contramão. Suspiros no contrafluxo. Te apresento a mulher mais discreta do mundo: essa que não tem nenhum segredo.

CONVERSA DE SENHORAS

Não preciso nem casar

Tiro dele tudo que preciso

Não saio mais daqui

Duvido muito

Esse assunto de mulher já terminou

O gato comeu e regalou-se

Ele dança que nem um realejo

Escritor não existe mais

Mas também não precisa virar deus

Tem alguém na casa

Você acha que ele aguenta?

Sr. ternura está batendo

Eu não estava nem aí

Conchavando: eu faço a tréplica

Armadilha: louca pra saber

Ela é esquisita

Também você mente demais

Ele está me patrulhando

Para quem você vendeu seu tempo?

Não sei dizer: fiquei com o gauche

Não tem a menor lógica

Mas e o trampo?
Ele está bonzinho
Acho que é mentira
Não começa

VACILO DA VOCAÇÃO

Precisaria trabalhar — afundar —
— como você — saudades loucas —
nesta arte — ininterrupta —
de pintar —

A poesia não — telegráfica — ocasional —
me deixa sola — solta —
à mercê do impossível —
— do real.

SAMBA-CANÇÃO

Tantos poemas que perdi.
Tantos que ouvi, de graça,
pelo telefone — taí,
eu fiz tudo pra você gostar,
fui mulher vulgar,
meia-bruxa, meia-fera,
risinho modernista
arranhado na garganta,
malandra, bicha,
bem viada, vândala,
talvez maquiavélica,
e um dia emburrei-me,
vali-me de mesuras
(era uma estratégia),
fiz comércio, avara,
embora um pouco burra,
porque inteligente me punha
logo rubra, ou ao contrário, cara
pálida que desconhece
o próprio cor-de-rosa,
e tantas fiz, talvez

querendo a glória, a outra
cena à luz de spots,
talvez apenas teu carinho,
mas tantas, tantas fiz...

PRIMEIRA LIÇÃO

Os gêneros de poesia são: lírico, satírico, didático, épico, ligeiro.
O gênero lírico compreende o lirismo.
Lirismo é a tradução de um sentimento subjetivo, sincero e
[pessoal.
É a linguagem do coração, do amor.
O lirismo é assim denominado porque em outros tempos os
versos sentimentais eram declamados ao som da *lira*.
O lirismo pode ser:
a) Elegíaco, quando trata de assuntos tristes, quase sempre a
[morte.
b) Bucólico, quando versa sobre assuntos campestres.
c) Erótico, quando versa sobre o amor.
O lirismo elegíaco compreende a elegia, a nênia, a endecha, o
epitáfio e o epicédio.
Elegia é uma poesia que trata de assuntos tristes.
Nênia é uma poesia em homenagem a uma pessoa morta.
Era declamada junto à fogueira onde o cadáver era incinerado.
Endecha é uma poesia que revela as dores do coração.
Epitáfio é um pequeno verso gravado em pedras tumulares.
Epicédio é uma poesia onde o poeta relata a vida de uma pessoa
[morta.

olho muito tempo o corpo de um poema
até perder de vista o que não seja corpo
e sentir separado dentre os dentes
um filete de sangue
nas gengivas

ENCICLOPÉDIA

Hácate ou Hécata, em gr. Hekáté. Mit. gr.
Divindade lunar e marinha, de tríplice
forma (muitas vezes com três cabeças e
três corpos). Era uma deusa órfica,
parece que originária da Trácia. Enviava
aos homens os terrores noturnos, os fantasmas
e os espectros. Os romanos a veneravam
como deusa da magia infernal.

16 DE JUNHO

Decido escrever um romance. Personagens: a Grande Escritora de Grandes Olhos Pardos, mulher farpada e apaixonada. O fotógrafo feio e fino que me vê pronta e prosa de lápis comprido inventando a ilha perdida do prazer. O livrinho que sumiu atrás da estante que morava na parede do quarto que cabia no labirinto cego que o coelho pensante conhecia e conhecia e conhecia. Nessa altura eu tinha um quarto só para mim com janela de correr narcisos e era atacada de noite pela fome tenra que papai me deu.

JORNAL ÍNTIMO

à CLARA

30 de junho
Acho uma citação que me preocupa: "Não basta produzir contradições, é preciso explicá-las". De leve recito o poema até sabê-lo de cor. Célia aparece e me encara com um muxoxo inexplicável.

29 de junho
Voltei a fazer anos. Leio para os convidados trechos do antigo diário. Trocam olhares. Que bela alegriazinha adolescente, exclama o diplomata. Me deitei no chão sem calças. Ouvi a palavra dissipação nos gordos dentes de Célia.

27 de junho
Célia sonhou que eu a espancava até quebrar seus dentes. Passei a tarde toda obnublada. Datilografei até sentir câimbras. Seriam culpas suaves. Binder diz que o diário é um artifício, que não sou sincera porque desejo secretamente que o leiam. Tomo banho de lua.

27 de junho
Nossa primeira relação sexual. Estávamos sóbrios. O obscurecimento me perseguiu outra vez. Não consegui fazer as reclamações devidas. Me sinto em Marienbad junto dele. Perdi meu pente. Recitei a propósito fantasias capilares, descabelos,

pelos subindo pelo pescoço. Quando Binder perguntou do banheiro o que eu dizia respondi "Nada" funebremente.

26 de junho

Célia também deu de criticar meu estilo nas reuniões. Ambíguo e sobrecarregado. Os excessos seriam gratuitos. Binder prefere a hipótese da sedução. Os dois discutem como gatos enquanto rumbas me sacolejam.

25 de junho

Quando acabei O jardim de caminhos que se bifurcam uma urticária me atacou o corpo. Comemos pato no almoço. Binder me afaga sempre no lugar errado.

27 de junho

O prurido só passou com a datilografia. Copiei trinta páginas de Escola de mulheres no original sem errar. Célia irrompeu pela sala batendo com a língua nos dentes. Célia é uma obsessiva.

28 de junho

Cantei e dancei na chuva. Tivemos uma briga. Binder se recusava a alimentar os corvos. Voltou a mexericar o diário. Escreveu algumas palavras. Recurso mofado e bolorento! Me chama de vadia para baixo. Me levanto com dignidade, subo na pia, faço um escândalo, entupo o ralo com fatias de goiabada.

30 de junho

Célia desceu as escadas de quatro. Insisti no despropósito do ato. Comemos outra vez aquela ave no almoço. Fungo e suspiro antes de deitar. Voltei ao

I

Enquanto leio meus seios estão a descoberto. É difícil concentrar-me ao ver seus bicos. Então rabisco as folhas deste álbum. Poética quebrada pelo meio.

II

Enquanto leio meus textos se fazem descobertos. É difícil escondê-los no meio dessas letras. Então me nutro das tetas dos poetas pensados no meu seio.

FLORES DO MAIS

devagar escreva
uma primeira letra
escrava
nas imediações construídas
pelos furacões;
devagar meça
a primeira pássara
bisonha que
riscar
o pano de boca
aberto
sobre os vendavais;
devagar imponha
o pulso
que melhor
souber sangrar
sobre a faca
das marés;
devagar imprima
o primeiro
olhar
sobre o galope molhado

dos animais; devagar
peça mais
e mais e
mais

ALGAZARRA

a fala dos bichos
é comprida e fácil:
miados soltos
na campina;
águias
hidráulicas
nas pontes;
na cozinha
a hidra espia
medrosas as cabeças;
enguias engolem
sete redes
saturam de lombrigas
o pomar;
no ostracismo
desorganizo
a zooteca
me faço de engolida
na arena molhada do sal
da criação;
o coração só constrói
decapitado
e mesmo então

os urubus
não comparecem;
no picadeiro seco agora
só patos e cardápios
falam ao público
sangrento
de paixões;
da tribuna
os gatos se levantam
e apontam
o risco
dos fogões.

houve um poema
que guiava a própria ambulância
e dizia: não lembro
de nenhum céu que me console,
nenhum,
e saía,
sirenes baixas,
recolhendo os restos das conversas,
das senhoras,
"para que nada se perca
ou se esqueça",
proverbial,
mesmo se ferido,
houve um poema
ambulante,
cruz vermelha
sonâmbula
que escapou-se
e foi-se
inesquecível,
irremediável,
ralo abaixo.

CACASO

POSTAL

Nenhum mar.
Um domingo. Um tridente.
Dois cavalos. Meu coração segue cego e feliz
como
carta
extraviada

MANHÃ PROFUNDA

para MARIA ALICE

Um passarinho cantou tão triste
tão sozinho
um outro respondeu espere já vou
aí já vou aí já vou aí

TIAU ROBERVAL
(OU: VAI NESSA MALANDRO)

para ROBERTO BONFIM

Segunda-feira cedinho
o telefone fez thrííímm!!!...
Sabe o que aconteceu?
Morreu Renato Landim.
Como é? Como assim?
Pois é. Ontem mesmo.
Deixou bilhete pra mim?
Uma piada engraçada
uma empada de nada
uma bicada de gim?
Uma desgraça pelada
um toque de serafim?
Uma conversa fiada
e outra de botequim?
Morreu de morte morrida?
Morreu de morte querida?
Morreu do baço? Do rim?
Indigestão de si mesmo?
Paçoca de amendoim?
Morreu de causa secreta?

Morreu de tiro de meta?
Morreu de morte concreta
ou só morreu de festim?
Morreu calado? Falando?
Morreu sentado? Sentido?
Morreu parado? Andando?
Morreu pelado? Vestido?
Morreu de fraque? De brim?
Coitadinho do Renato
do Renatinho Landim
a chama se consumindo
na vizinhança do fim.
Sabe quem se matou?
Foi o Renato Landim
que a própria chama soprou
como se fosse Aladim.
Quem foi no enterro dele?
Quem foi na hora do fim?
Tinha o Jorge Moura Costa
de guarda-chuva e pastinha
tinha o Roberto Lamego
sem o sossego que tinha
Chico Nélson Zé Bolota
Rubém Cunca Heleninha
Sérgio Góes Décio Cecília
Regina Beto Mechinha

o pessoal da esquina
gente de copa e cozinha
Jujuba Gilda Leilah
Cláudia Sandra Leilinha
Maria Irma e Cristina
— nunca vi tanta baixinha —
Sula Bíti Andréia Bia
Cacaso Ernesto Gracinha
Cadê Pedrinho Moraes?
Cadê Jaiminho? E Carminha?
Era o Gilberto Loureiro
e três ou quatro Marias
era o Ângelo de Aquino
Paulo Sérgio Antônio Dias
eram comadres e sogras
viúvas primas e tias
Antônio Flávio Gonçalo
Jaimicão Dinda Jaimico.
Tinha sol frio e chovia
e o dia até parecia
o próprio dia do fico.
Tinha a turma da pesada
e tinha a turma do im:
a César o que é de César
estava o César Tedim
também estava o Ismael

por sobrenome Cardim
além da ausência presente
da Marilinha Alvim
e o mais tristíssimo deles
que era o Roberto Bonfim.
Pula o muro de Belém!
Bate o sino de Berlim!
Disse que ia e não fui!
Disse que vinha e não vim!
Segunda-feira chuvosa
Domingo de folhetim
Morreu Renato barrasco
Morreu Renato fiasco
Morreu tim tim por tim tim
Morreu Renato pateta
Morreu Renato poeta
Morreu um pouco de mim

O FAZENDEIRO DO MAR

Mar de mineiro é
                inho
mar de mineiro é
                ão
mar de mineiro é
                vinho
mar de mineiro é
                vão
mar de mineiro é chão
Mar de mineiro é pinho
mar de mineiro é
                pão
mar de mineiro é
                ninho
mar de mineiro é não
mar de mineiro é
                bão
Mar de mineiro é garoa
mar de mineiro é
                baião
mar de mineiro é lagoa
mar de mineiro é
                balão

mar de mineiro é são
Mar de mineiro é viagem
mar de mineiro é
                    arte
mar de mineiro é margem
mar de mineiro é
                    parte
mar de mineiro é
                    Marte
Mineiro tem mar de
                    menos
mineiro tem mar de
                    mais
mineiro tem mar de
                    Vênus
mineiro tem mar de
                    cais
mineiro tem mar de zás
Mar de mineiro é
                    savana
mar de mineiro é
                    sovina
mar de mineiro é banana
mar de mineiro é
                    bonina
mar de mineiro é mina

Mineiro tem mar de cio
mineiro tem mar de
                fonte
mineiro tem mar de
                rio
mineiro tem mar de monte
mar de mineiro é
                horizonte
Mar de mineiro é tudo
mar de mineiro é
                fase
mar de mineiro é
                mudo
mar de mineiro é quase
mar de mineiro é
                frase
Mar de mineiro é
                mar
mar de mineiro é
                mago
mar de mineiro é ar
mar de mineiro é
                lago
mar de mineiro é vago
Mar de mineiro é
                janeiro

mar de mineiro é
                    profundo
mar de mineiro é
                    mineiro
mar de mineiro é
                    segundo
mar de mineiro é
                    mundo
Mar de mineiro é
                    tripa
mar de mineiro é grave
mar de mineiro é pipa
mar de mineiro é ave
mar de mineiro é
                    nave
Mineiro tem mar de campo
mineiro tem mar de penha
mineiro tem mar de
                    trampo
mineiro tem mar de brenha
mar de mineiro é
                    senha
Mar de mineiro é
                    curvo
mar de mineiro é
                    de Espanha

mar de mineiro é

               turvo

mar de mineiro é manha

mar de mineiro é

               montanha

Mar de mineiro é

               lindo

mar de mineiro é

               bonito

mar de mineiro é

               bem-vindo

mar de mineiro é

               maldito

mar de mineiro é

               pito

Mar de mineiro é

               rimas

mar de mineiro é véu

mar de mineiro é

               primas

mar de mineiro é

               anel

mar de mineiro é céu

Mineiro tem mar de prenda

mar de mineiro é coreto

mineiro tem mar de emenda

mar de mineiro é soneto
mar de mineiro é

                  preto

Mar de mineiro é

                  centro

mar de mineiro é

                  plasma

mar de mineiro é

                  dentro

mar de mineiro é asma
mar de mineiro é

                  miasma

Mar de mineiro é

                  arroio

mar de mineiro é

                  zen

mar de mineiro é

                  aboio

mar de mineiro é nem
mar de mineiro é

                  em

Mar de mineiro é

                  aquário

mar de mineiro é

                  silvério

mar de mineiro é
                    vário
mar de mineiro é
                    sério
mar de mineiro é minério
Mar de mineiro é
                    gerais
mar de mineiro é
                    campinas
mar de mineiro é
                    Goiás
Mar de mineiro é colinas
mar de mineiro é
                    minas

LAR DOCE LAR

para MAURÍCIO MAESTRO

Minha pátria é minha infância:
Por isso vivo no exílio

PASSOU UM VERSINHO voando? Ou foi uma gaivota?

HORA DO RECREIO

O coração em frangalhos o poeta é
levado a optar entre dois amores.

As duas não pode ser pois ambas não deixariam
uma só é impossível pois há os olhos da outra
e nenhuma é um verso que não é deste poema

Por hoje basta. Amanhã volto a pensar neste problema.

CARTILHA

a

Não quero meu poema apenas pedra
nem seu avesso explicado
nas mesas de operação.

e

Não quero os sóis que praticam
as mil fotos do objeto, a noite sempre
nascendo da noite em revelação.
Preciso
da palavra que me vista não
              da memória do susto
mas da véspera do trapezista.

i

A sede neste deserto
não me conduz ao mirante, ou antes:
              olho selvagem.
A sede ultrapassa a sede onde
renasce o objeto, sua
              resposta miragem.

o

Há seres insuspeitados no gênio
deste cavalo.
A lucidez desta pedra oculta cada
manhã
seu cadáver delicado, este mistério
que pulsa nos olhos da borboleta.

u

Quero meu poema apenas pedra:
ou seu fantasma emergindo
por onde dentros e foras.

CINEMA MUDO

I

Um telegrama urgente
anuncia a bem-amada
para o século vindouro.
Arfando diante do espelho
principio
a pentear os cabelos.

O oceano se banha nas próprias águas.

II

Acordei grávido e uma dúvida
dilacera minhas partes: quem seria a mãe
                                    de meu filho?
Demônios graduados me visitam
enquanto retoco para a posteridade
a maquiagem do arco-íris.

III

Vejo seu retrato como se eu
já tivesse morrido.
Grinaldas batem continência.

Livre na sua memória escolho a forma
que mais me convém: querubim
                    gaivotas blindadas
suave o tempo suspende a engrenagem.
Do outro lado do jardim já degusto
os inocentes grãos da demência.

IV

Neste retrato de noivado divulgamos
os nossos corpos solteiros.
Na hierarquia dos sexos, transparente,
                         escorrego
para o passado.
Na falta de quem nos olhe
Vamos ficando perfeitos e belos
                 tão belos e tão perfeitos
como a tarde quando pressente
as glândulas aéreas da noite.

GRUPO ESCOLAR

Sonhei com um general de ombros largos
                                que rangia
e que no sonho me apontava a poesia
enquanto um pássaro pensava suas penas
e já sem resistência resistia.
O general acordou e eu que sonhava
face a face deslizei à dura via
        vi seus olhos que tremiam, ombros largos,
        vi seu queixo modelado a esquadria
        vi que o tempo galopando evaporava
        (deu pra ver qual a sua dinastia)
mas em tempo fixei no firmamento
esta imagem que rebenta em ponta fria:
poesia, esta química perversa,
este arco que desvela e me repõe
        nestes tempos de alquimia.

LOGIAS E ANALOGIAS

No Brasil a medicina vai bem
mas o doente ainda vai mal.
Qual o segredo profundo
desta ciência original?
É banal: certamente
não é o paciente
que acumula capital.

AS APARÊNCIAS REVELAM

Afirma uma Firma que o Brasil
confirma: *"Vamos substituir o
Café pelo Aço"*.

Vai ser duríssimo descondicionar
o paladar.

Não há na violência
que a linguagem imita
algo da violência
propriamente dita?

REFLEXO CONDICIONADO

pense rápido:
Produto Interno Bruto
ou
brutal produto interno
?

JOGOS FLORAIS

I

Minha terra tem palmeiras
onde canta o tico-tico.
Enquanto isso o sabiá
vive comendo o meu fubá.

Ficou moderno o Brasil
ficou moderno o milagre:
a água já não vira vinho,
vira direto vinagre.

II

Minha terra tem Palmares
memória cala-te já.
Peço licença poética
Belém capital Pará.

Bem, meus prezados senhores
dado o avançado da hora
errata e efeitos do vinho
o poeta sai de fininho.

(será mesmo com 2 esses
que se escreve paçarinho?)

O PÁSSARO INCUBADO

O pássaro preso na gaiola
é um geógrafo quase alheio:
Prefere, do mundo que o cerca,
não as arestas: o meio.

É isso que o diferencia
dos outros pássaros: ser duro.
Habita cada momento
que existe dentro do cubo.

Ao pássaro preso se nega
a condição acabado.
Não é um pássaro que voa:
É um pássaro incubado.

Falta a ele: não espaços
nem horizontes nem casas:
Sobra-lhe uma roupa enjeitada
que lhe decepa as asas.

O pássaro preso é um pássaro
recortado em seu domínio:
Não é dono de onde mora,
nem mora onde é inquilino.

(Rio, 1963)

PAULO LEMINSKI

das coisas
que eu fiz a metro
todos saberão
quantos quilômetros
são

aquelas
em centímetros
sentimentos mínimos
ímpetos infinitos
não?

um deus também é o vento
só se vê nos seus efeitos
árvores em pânico
bandeiras
água trêmula
navios a zarpar

me ensina
a sofrer sem ser visto
a gozar em silêncio
o meu próprio passar
nunca duas vezes
no mesmo lugar

a este deus
que levanta a poeira dos caminhos
os levando a voar
consagro este suspiro

nele cresça
até virar vendaval

furo a parede branca
para que a lua entre
e confira com a que,
frouxa no meu sonho,
é maior do que a noite

a noite
me pinga uma estrela no olho
e passa

duas folhas na sandália

o outono
também quer andar

a estrela cadente
me caiu ainda quente
na palma da mão

de som a som
ensino o silêncio
a ser sibilino

de sino em sino
o silêncio ao som
ensino

meiodia   três cores
eu disse vento
e caíram todas as flores

pôr de sol   pingo de sangue
a flor cheiro de mel na água cor de leite
acorda o peixe
                    sonho de fósforo

morreu o periquito
a gaiola vazia
esconde um grito

AVISO AOS NÁUFRAGOS

Esta página, por exemplo,
não nasceu para ser lida.
Nasceu para ser pálida,
um mero plágio da Ilíada,
alguma coisa que cala,
folha que volta pro galho,
muito depois de caída.

Nasceu para ser praia,
quem sabe Andrômeda, Antártida,
Himalaia, sílaba sentida,
nasceu para ser última
a que não nasceu ainda.

Palavras trazidas de longe
pelas águas do Nilo,
um dia, esta página, papiro,
vai ter que ser traduzida,
para o símbolo, para o sânscrito,
para todos os dialetos da Índia,
vai ter que dizer bom-dia

ao que só se diz ao pé do ouvido,
vai ter que ser a brusca pedra
onde alguém deixou cair o vidro.
Não é assim que é a vida?

A LUA NO CINEMA

A lua foi ao cinema,
passava um filme engraçado,
a história de uma estrela
que não tinha namorado.

Não tinha porque era apenas
uma estrela bem pequena,
dessas que, quando apagam,
ninguém vai dizer, que pena!

Era uma estrela sozinha,
ninguém olhava pra ela,
e toda a luz que ela tinha
cabia numa janela.

A lua ficou tão triste
com aquela história de amor,
que até hoje a lua insiste:
— Amanheça, por favor!

Marginal é quem escreve à margem,
deixando branca a página
        para que a paisagem passe
e deixe tudo claro à sua passagem.

Marginal, escrever na entrelinha,
sem nunca saber direito
        quem veio primeiro,
o ovo ou a galinha.

NARÁJOW

Uma mosca pouse no mapa
e me pouse em Narájow,
     a aldeia donde veio
o pai do meu pai,
     o que veio fazer a América,
o que vai fazer o contrário,
     a Polônia na memória,
o Atlântico na frente,
     o Vístula na veia.

Que sabe a mosca da ferida
que a distância faz na carne viva,
     quando um navio sai do porto
jogando a última partida?

Onde andou esse mapa
que só agora estende a palma
     para receber essa mosca,
que nele cai, matemática?

SINTONIA PARA PRESSA E PRESSÁGIO

Escrevia no espaço.
Hoje, grafo no tempo,
na pele, na palma, na pétala,
luz do momento.
Soo na dúvida que separa
o silêncio de quem grita
do escândalo que cala,
no tempo, distância, praça,
que a pausa, asa, leva
para ir do percalço ao espasmo.

Eis a voz, eis o deus, eis a fala,
eis que a luz se acendeu na casa
e não cabe mais na sala.

TORQUATO NETO

COGITO

eu sou como eu sou
pronome
pessoal intransferível
do homem que iniciei
na medida do impossível

eu sou como eu sou
agora
sem grandes segredos dantes
sem novos secretos dentes
nesta hora

eu sou como eu sou
presente
desferrolhado indecente
feito um pedaço de mim

eu sou como eu sou
vidente
e vivo tranquilamente
todas as horas do fim.

Agora não se fala mais
toda palavra guarda uma cilada
e qualquer gesto é o fim
do seu início;

Agora não se fala nada
e tudo é transparente em cada forma
qualquer palavra é um gesto
e em sua orla
os pássaros de sempre cantam
nos hospícios.

Você não tem que me dizer
o número de mundo deste mundo
não tem que me mostrar
a outra face
face ao fim de tudo:

só tem que me dizer
o nome da república do fundo
o sim do fim
do fim de tudo
e o tem do tempo vindo;

não tem que me mostrar
a outra mesma face ao outro mundo
(não se fala. não é permitido:
mudar de ideia. é proibido.
não se permite nunca mais olhares
tensões de cismas crises e outros tempos.
está vetado qualquer movimento

LITERATO CANTABILE

Agora não se fala mais
toda palavra guarda uma cilada
e qualquer gesto pode ser o fim
do seu início
agora não se fala nada
e tudo é transparente em cada forma
qualquer palavra é um gesto
e em minha orla
os pássaros de sempre cantam assim,
do precipício:

a guerra acabou
quem perdeu agradeça
a quem ganhou.
não se fala. não é permitido
mudar de ideia. é proibido.
não se permite nunca mais olhares
tensões de cismas crises e outros tempos
está vetado qualquer movimento
do corpo ou onde quer que alhures.
toda palavra envolve o precipício
e os literatos foram todos para o hospício

e não se sabe nunca mais do mim. agora o nunca.
agora não se fala nada, sim. fim. a guerra
acabou
e quem perdeu agradeça a quem ganhou.

A poesia é a mãe das artes
& das manhas em geral: alô poetas
poesia no país do carnaval.

O poeta é a mãe das artes
e das manhas em geral. Alô poesia:
os poetas do país, no carnaval,
têm a palavra calada
pelas doenças do mal.

Mal, muito mal: a paisagem, o verde
da manhã, rever-te sob o sol de tropical
reverso da mortalha (o mal), notícias
de jornal — vermelho e negro — naturalismo
eu cismo

Muito bem, meu amor
muito mal
meu amor
o bem o mal
estão além do medo
e não há nada igual
o bem e o mal sem segredo
as marchas do carnaval
muito mal, meu amor
muito bem

nem vem com não tem
que tem
tem de ter
na praça da capital
muito mal
meu amor
tudo igual
nada igual ao bem e o mal
   2 (experimente é legal)
eu creio que existe o bem e o mal
mas não há nada igual
e tudo tem mel e tem sal

(julho/1971)

GO BACK

Você me chama
Eu quero ir pro cinema
você reclama
meu coração não contenta
você me ama
mas de repente a madrugada mudou
e certamente
aquele trem já passou
e se passou
passou daqui pra melhor,
foi!

Só quero saber
do que pode dar certo
não tenho tempo a perder
você me pede
quer ir pro cinema
agora é tarde
se nenhuma espécie
de pedido
eu escutar agora
agora é tarde
tempo perdido

mas se você não mora, não morou
é porque não tem ouvido
que agora é tarde
— eu tenho dito —
o nosso amor mixou
(que pena) o nosso amor, amor
e eu não estou a fim de ver cinema
(que pena)

(agosto/1971)

MAMÃE, CORAGEM

mamãe mamãe não chore
a vida é assim mesmo
eu fui embora
mamãe mamãe não chore
eu nunca mais vou voltar por aí
mamãe mamãe não chore
a vida é assim mesmo
e eu quero mesmo
é isso aqui

mamãe mamãe não chore
pegue uns panos pra lavar
leia um romance
veja as contas do mercado
pague as prestações
— ser mãe
é desdobrar fibra por fibra
os corações dos filhos,
seja feliz
seja feliz

mamãe mamãe não chore
eu quero eu posso eu fiz eu quis
mamãe seja feliz

mamãe mamãe não chore
não chore nunca mais não adianta
eu tenho um beijo preso na garganta
eu tenho jeito de quem não se espanta
(braço de ouro vale dez milhões)
eu tenho corações fora do peito
mamãe não chore, não tem jeito
pegue uns panos pra lavar leia um romance
leia "elzira, a morta-virgem",
"o grande industrial"

eu por aqui vou indo muito bem
de vez em quando brinco o carnaval
e vou vivendo assim: felicidade
na cidade que eu plantei pra mim
e que não tem mais fim
não tem mais fim
não tem mais fim

Gravação: Gal Costa em *Tropicália* ou *Panis et circensis* (1968).

GELEIA GERAL

um poeta desfolha a bandeira
e a manhã tropical se inicia
resplandente cadente fagueira
num calor girassol com alegria
na geleia geral brasileira
que o jornal do brasil anuncia

ê bumba iê, iê boi
ano que vem mês que foi
ê bumba iê, iê iê
é a mesma dança, meu boi

"a alegria é a prova dos nove"
e a tristeza é teu porto seguro
minha terra é onde o sol é mais limpo
e mangueira é onde o samba é mais puro
tumbadora na selva-selvagem
pindorama, país do futuro

ê bumba iê, iê boi
ano que vem mês que foi
ê bumba iê, iê iê
é a mesma dança, meu boi

é a mesma dança na sala
no canecão na TV
e quem não dança não fala
assiste a tudo e se cala
não vê no meio da sala
as relíquias do brasil:
doce mulata malvada
um elepê de sinatra
maracujá mês de abril
santo barroco baiano
superpoder de paisano
formiplac e céu de anil
três destaques da portela
carne seca na janela
alguém que chora por mim
um carnaval de verdade
hospitaleira amizade
brutalidade jardim

ê bumba iê, iê boi
ano que vem mês que foi
ê bumba, iê, iê iê
é a mesma dança, meu boi

plurialva contente e brejeira
miss linda brasil diz bom-dia
e outra moça também carolina
da janela examina a folia
salve o lindo pendão dos seus olhos
e a saúde que o olhar irradia

ê bumba iê, iê boi
ano que vem mês que foi
ê bumba iê, iê iê
é a mesma dança, meu boi

um poeta desfolha a bandeira
e eu me sinto melhor colorido
pego um jato viajo arrebento
com o roteiro do sexto sentido
foz do morro, pilão de concreto
tropicália, bananas ao vento

ê bumba iê, iê boi
ano que vem mês que foi
ê bumba iê, iê iê
é a mesma dança meu boi

Gravação: Gilberto Gil em *Tropicália* ou *Panis et circensis* (1968)
e Daniela Mercury em *Daniela Mercury* (1991).

LET'S PLAY THAT

quando eu nasci
um anjo louco muito louco
veio ler a minha mão
não era um anjo barroco
era um anjo muito louco, torto
com asas de avião
eis que esse anjo me disse
apertando a minha mão
com um sorriso entre dentes
vai bicho desafinar
o coro dos contentes
vai bicho desafinar
o coro dos contentes
let's play that

Gravações: Jards Macalé em *Jards Macalé* (1972)
e *Let's play that* (1994).

WALY SALOMÃO

OLHO DE LINCE

quem fala que sou esquisito hermético
é porque não dou sopa estou sempre elétrico
nada que se aproxima nada me é estranho
                             fulano sicrano beltrano
seja pedra seja planta seja bicho seja humano
quando quero saber o que ocorre à minha volta
ligo a tomada abro a janela escancaro a porta
experimento invento tudo nunca jamais me iludo
quero crer no que vem por aí beco escuro
me iludo passado presente futuro
                             urro arre i urro
viro balanço reviro na palma da mão o dado
                             futuro presente passado
tudo sentir total é chave de ouro do meu jogo
é fósforo que acende o fogo de minha mais alta razão
e na sequência de diferentes naipes
                             quem fala de mim tem paixão

Erratum: Onde se lê "lince" leia-se *também* "LINCEU". Vide Homero
aliás Goethe aliás "Olhos felizes" de Antônio Cicero. Fio de ariadne
abolido o gigolô de vivelôs.

(1983)/ Gravação: Jards Macalé em *Real grandeza* (2005).

CONFEITARIA MARSEILLAISE
— DOCES E ROCAMBOLES

Caçadas

Experimentados no manejo de armas de fogo 3 filhotes infantes da burguesia empunham arma / 1. empunha revólver / 2. empunham espingardas.

O aéreo esmaga folhas de eucalipto de encontro ao nariz enquanto de noite sonhei com um batalhão policial me exigindo identificação / revistaram a maloca do fundo do meu bolso / mostrei babilaques / me entreguei descontente pero calmamente / nada foi encontrado que incriminasse o detido no boletim de averiguações depois de batido telex pra todas as delegacias.

Vadiagem.

(1974)

NOSSO AMOR RIDÍCULO SE ENQUADRA
NA MOLDURA DOS SÉCULOS

NOSSO AMOR RIDÍCULO SE ENQUADRA NA MOLDURA DOS SÉCULOS
SUGO ESPIRAIS DAS NUVENS DE CIGARRO QUE FUMO
SOPRO BAFORADAS-CARAMUJO POR ENTRE VOLUTAS DO UNIVERSO
EU, PEQUENINO GRÃO DE AREIA-POETA, PLASMO RIMA ALITERAÇÃO
                              [METÁFORA OXIMORO VERSO
PASTO PALAVRA: QUINQUILHARIA NINHARIA PALÁCIO DO NENHURES
                                        [Ó CASTELO
DE VENTO
                  PASTEL DE BRISA
                                    MONTE DE GANGA BRUTA
ESTUÁRIO DE BUGIGANGA   NONADA
EM CONFRONTO COM MANADAS MIRÍADES D'ESTRELAS ESPOUCADAS
SOBRE OS SETE DIFERENTES MARES QUE SETE ESPELHOS SÃO PARA
                              [ALGUM MAR ABSOLUTO
(ROMA E BAALBECK E BAGDÁ E BABILÔNIA E BABEL SIDERAL)
E É NOSSO AMOR UM AMOR TÃO DIMINUTO
                  LAMPEJO DE SEGUNDO
                            RELÂMPAGO DISSOLUTO

FILETE DUM RIO MINÚSCULO
MICROSCÓPICO LEITO

AMOR..NOSSO SÉCULO:

BURACO NEGRO SORVEDOR DE VULTO AROMA LUZ
BAGAÇOS DE ROLHA BOLHA BORRA PORRA PÓ
BEBO VINHO PRECIOSO COM MOSQUITOS DENTRO

MURIÇOCA MARUIM POTÓ

(1983)

ARS POÉTICA / OPERAÇÃO LIMPEZA

Assi me tem repartido extremos, que não entendo...

SÁ DE MIRANDA

I. SAUDADE é uma palavra
Da língua portuguesa
A cujo enxurro
Sou sempre avesso
SAUDADE é uma palavra
A ser banida
Do uso corrente
Da expressão coloquial
Da assembleia constituinte
Do dicionário
Da onomástica
Do epistolário
Da inscrição tumular
Da carta geográfica
Da canção popular
Da fantasmática do corpo
Do mapa da afeição
Da praia do poema
Pra não depositar

Aluvião
Aqui
Nesta ribeira.

II. Súbito
Sub-reptícia sucurijuba
A reprimida resplandece
Se meta-formoseia
Se mata
O q parecia pau de braúna
Quiçá pedra de breu
Quiçá pedra de breu
                              CINTILA
Re-nova cobra rompe o ovo
Da casca velha
                              SIBILA

III. SAUDADE é uma palavra
O sol da idade e o sal das lágrimas

(1993)

MÃE DOS FILHOS PEIXES

para minha Yemanjá: MARTA

ODOYÁ, YEMANJÁ
mãe do peixe vivo, do pescado e do pescador,
mãe da paixão do grão da areia
            pela estrela-do-mar.
mãe da água-mãe e do tapete de algas
            e da caravela e da água-viva.
mãe do cavalo-marinho
            e do mundéu de mariscos,
do cação, do cachalote, do xaréu,
            da pititinga e da piaba
e de todo e qualquer peixe isolado
            ou em cardume
que se nomeia ou enumera.

anêmona-do-mar, lume na cerração,
            princesa de aiocá.
dona do barco e da rede de pescar.

senhora da mira do aço do arpão
e da orelha ultrassonora do sonar.

aquela que toma posse de todos os rochedos
que a onda do mar salpica
ela é a dona da voz que soa e ressoa nas conchas
ela é a matriz do cântico hipnótico da sereia.
é um teto que protege o navegante
ao oceano entregue
é uma cama que alberga o náufrago
ao oceano entregue

mãe sexualizada
mãe gozosa
mãe incestuosa

que reina no mar revolto e na maré mansa
e se adona do remanso e do abissal.
senhora dos afogados e dos que nadam
e dos que sobrenadam sobre as ondas.

duro doce mar divino.

INAÊ, JANAÍNA

(1994)

HOJE

para CHICO ALVIM

O que eu menos quero pro meu dia
polidez, boas maneiras.
Por certo,
              um Professor de Etiquetas
não presenciou o ato em que fui concebido.
Quando nasci, nasci nu,
ignaro da colocação correta dos dois-pontos,
do ponto e vírgula,
e, principalmente, das reticências.
(Como toda gente, aliás...)

Hoje só quero ritmo.
Ritmo no falado e no escrito.
Ritmo, veio central da mina.
Ritmo, espinha dorsal do corpo e da mente.
Ritmo na espiral da fala e do poema.

Não está prevista a emissão
de nenhuma "Ordem do dia".
Está prescrito o protocolo da diplomacia.
AGITPROP — Agitação e propaganda:

Ritmo é o que mais quero pro meu dia a dia.
Ápice do ápice.

Alguém acha que ritmo jorra fácil,
pronto rebento do espontaneísmo?
Meu ritmo só é ritmo
quando temperado com ironia.
Respingos de modernidade tardia?
E os pingos d'água
dão saltos bruscos do cano da torneira
                           e
passam de um ritmo regular
para uma turbulência
              aleatória.

Hoje...

(1995)

ORAPRONOBIS

(Tira-teima da cidadezinha de Tiradentes)

Café coado.

Cafungo minha dose diária de **MURILO** e **DRUMMOND**.

Lápis de ponta fina.

Lá detrás daquela serra

Estamparam um desenho de **TARSILA** na paisagem.

Menino que pega ovo no ninho de seriema.

Pessoas sentadas nos bancos de calcário

Dão a vida por um dedo de prosa.

Cada vereador deposita na mesa da câmara

A grosa de pássaros-pretos que conseguiu matar

Árdua labuta pra hoje em dia

Pois quase já não há

Pássaros-pretos no lugar.

De tarde gritaria das maritacas

Encobre o piano arpejando o *Noturno* de **CHOPIN**.

Bêbado escornado no banco da praça.

Orlando Curió cisma um rabo de sereia do mar debuxado

no lombo do seu cavalo.

A meia-lua

E a estrela preta

De oito pontas

Do teto da igreja
Do Rosário dos Pretos.
Que luz desponta
Da meia-lua
E que centelha
Da estrela preta de oito pontas
Do teto
Da igreja do Rosário dos Pretos?
Pra quem aponta
A luz da meia-lua
E pra quem cintila
Preta de oito pontas
A estrela desenhada no teto
Da igreja do Rosário dos Pretos?

(2000)

AMANTE DA ALGAZARRA

Não sou eu quem dá coices ferradurados no ar.
É esta estranha criatura que fez de mim seu encosto.
É ela!!!
Todo mundo sabe, sou uma lisa flor de pessoa,
Sem espinho de roseira nem áspera lixa de folha de figueira.

Esta amante da balbúrdia cavalga encostada ao meu sóbrio
                                                    [ombro
Vixe!!!
Enquanto caminho a pé, pedestre — peregrino atônito até a
                                                    [morte.
Sem motivo nenhum de pranto ou angústia rouca ou desalento:
Não sou eu quem dá coices ferradurados no ar.
É esta estranha criatura que fez de mim seu encosto
E se apossou do estojo de minha figura e dela expeliu o estofo.

Quem corre desabrida
Sem ceder a concha do ouvido
A ninguém que dela discorde
É esta
Selvagem sombra acavalada que faz versos como quem morde.

(2000)

REMIX "SÉCULO VINTE"

Armar um tabuleiro
      de *PALAVRAS-SOUVENIRS.*
Apanhe e leve algumas palavras como
SOUVENIRS.
Faça você mesmo seu microtabuleiro
Enquanto jogo linguístico.

BABILAQUE
POP
CHINFRA
TROPICÁLIA
PARANGOLÉ
BEATNIK
VIETCONGUE
BOLCHEVIQUE
TECHNICOLOR
BIQUÍNI
PAGODE
AXÉ
MAMBO
RÁDIO
CIBERNÉTICA
CELULAR
AUTOMÓVEL
BOCETA
FAVELA
LISÉRGICO
MACONHA
NINFETA
MEGAFONE
MICROFONE
CLONE   SILICONE
SONAR

SPUTNIK
DADA
SAGARANA
ESTÉREO
SUBDESENVOLVIMENTO
AGROTÓXICO
EXISTENCIALISMO
FÓRMICA
ARROBA
POLYVOX
ANTIVÍRUS

MOTOSSERRA
MOTOBOY
MEGASSENA
MARCA-PASSO

CUBOFUTURISMO
BIOPIRATARIA
DODECAFÔNICO

CHANCE
CAMP
KITSCH
MUSAK
CLIPE

ATONALISMO
POLIFÔNICO
AVIÃO
TELENOVELA
INTERNET
PEGPAG
TÁXI
APART-HOTEL
APARTHEID
SAMBÓDROMO
AURÉLIO
MUAMBA   CHORINHO   SAMBA
MACUMBA   SAMBA   CHORINHO
DESPOETIZAR   POETIZAR   DESPOETIZAR
SUPREMATISTA
SUPRASSENSORIAL
CÉSIO
SILÍCIO
BIOCHIP
NAVILOUCA

F I M

(2000)/ Gravação: Adriana Calcanhotto em *Público* (2000).

VERÃO

Desde que o Imperador Amarelo
Quebrou a barra do dia
Irrompeu com suas forjas
O horizonte febril
Que uma espada de luz
Serra em prata a água salgada
E miríades de lâminas
Douram e escaldam a areia vítrea.

Saltam faíscas do bate-bigorna imperial.

Nenhuma nuvem tolda
A ferraria do estio.

Azul excessivo solda
Céu e mar.

(1998)

PISTA DE DANÇA

Quando criança
me assoprou no ouvido um motorista
que os bons não se curvam
e
   eu
      confuso
aqui nesta pista de dança
perco o tino
espio a vertigem
         do chão que gira
             tal qual
                parafuso
       e o tapete tira
       debaixo dos meus pés
giro
piro
nesta pista de dança
curva que rodopia
sinto que perco um pino
                não sei localizar se na cabeça
esqueço a meta da reta
e fico firme no leme
que a reta é torta

rei
    rainha
        bispo
            cavalo
                torre
                    peão
sarro de vez o alvo
tiro um fino com o destino
e me movimento

                    ao acaso do azar ou da sorte
no tabuleiro de xadrez
extasiado
extasiado
           piso
       hipnotizo
       mimetizo
           a dança das estrelas
debuxo sobre o celeste caderno de caligrafia das constelações
           e plagio a coreografia dos pássaros e dos robôs
aqui neste *point*
a espiral de fumaça me deixa louco
e a toalha felpuda suja me enxuga o suor do rosto
aqui nesta *rave*
narro a rapsódia de uma tribo misteriosa
imito o rodopio de pião bambo

Ê Ê Ê tumbalelê
    é o jongo do cateretê
        é o samba
          é o mambo
            é o tangolomango
              é o bate-estaca
                é o jungle
                  é o tecno
                    é o etno
é o etno
    é o tecno
        é o jungle
          é o bate-estaca
            é o tangolomango
              é o mambo
                é o samba
                  é o jongo do cateretê
                    Ê Ê Ê tumbalelê
redemoinho de ilusão em ilusão
como a lua tonta, suada e fria
que do crescente ao minguante varia
          e inicia e finda
          e finda e inicia
                e vice-versa a pista de dança
pista de dança
que quer dizer

pista de mímeses
pista de símiles
pista de faxes
pista de substância físsil
pista de fogos de artifícios
pista do pleonasmo da cera dúctil
            e da madeira entesada dura
pista de míssil
pista de símios
pista de *clowns*
pista de *covers*
pista de *samplers*
pista de epígonos
pista de clones
pista de sirenes
pista de sereias
pista de insones

pista do possesso febril
pista de *scratches*
pista de arranhões
pista de aviões
pista de encontrões
pista de colisões
pista de teco, de teco-teco, de telecoteco

pista de queima de óleo fóssil
pista de sinais pisca-pisca
pista do bate-biela
pista do pifa-motor
pista do pirata do olho de gude
        e perna de pau
pista da mulher que engoliu uma agulha de vitrola
        e fala pelos cotovelos
pista do menino que come vidro
        e chupa pedra d'água
pista ouriçada

                    irada e *sinistra*!

Pois
pista de dança
quer dizer
Farmácia de Manipulação de Tropos Poéticos Sociedade Anônima
que existe e funciona,
                como tudo na vida, inclusive o poeta,
                    seja dito de passagem,
para servir à poesia.
E a trilha vai por aí afora,
                    aliás...

(1998)/ Gravação: Adriana Calcanhoto em *Marítimo* (1998).

OCA DO MUNDO

dia sim dia não
noite não noite sim
o mesmo pesadelo
e o marasmo do seu padrão

a floresta cantante nos provocava calafrios
todos os sentenciados eram pendurados nos ganchos
uivos e guinchos e gritos e homens pensos como jacas maduras
verrugas dos sentidos dedurados nos quatro pontos cardeais
caimãs simulavam pirogas
tucanos morcegavam rasantes
corujas e bacuraus invocavam arrepios
abraços de tamanduá-açu
bigornas de aço de arapongas
cataratas desfocavam o cruzeiro do sul
painéis de capoeiras
e blocos de matas desciam cipós de circuitos fechados
olheiros do comando de macaco-prego
manipulavam as glandes das suas pirocas
como se fossem câmaras de videovigilância
floresta cantante inenarrável
cuja nesga narrável não figurava nunca nada de verossímil

dia sim dia não
noite não noite sim
o mesmo pesadelo
e o marasmo do seu padrão

(2004)

SAQUES

Ainda há focos de incêndio no pavilhão
E a laje ameaça desabar.
Um cruzado mané-ninguém surta em majestade
Rompe o encouraçado cordão de isolamento
Escala a pilha de escombros
Alça os braços aos sete céus e clama:
— *Assim me falou o Rei Invisível:*
"Sois a alma do universo".
Convoca falanges, coortes de legionários desembestados,
Uma gentinha que aplica lances e golpes e vive de expedientes,
Famílias famélicas
E sua prole prolífica
Gatinham no garimpo do galpão em chamas.
O homem do riquixá garante seu espólio:
Comidas, freezers, aparelhos de ar-condicionado,
Blusões e tênis enfarruscados.
Dois homens colocam outro freezer numa carroça
E saem em disparada no foco da fotografia.
Três mulheres de Tatuapé carregam sabonetes sem marcas,
Mesas e cadeiras de ferro.
Um Raimundo empurra um carrinho de pedreiro lotado de britas,
Pedaços de concreto, sacos de arroz, de feijão.
"Nunca comi esse tal de atum, agora vou experimentar" —
Testemunha a desempregada de nascença Josete Joselice, 56,

Mostrando para a câmara da TV uma latinha chamuscada.
Lá nas alturas do monte,
Uma moça banguela ergue no pódio seu troféu de pacotes de
[mozarelas.

Como os valentes, finca teu estandarte
No meio do deserto.

(2004)

GRUMARI

Entra mar adentro
Deixa o marulho das ondas lhe envolver
Até apagar o blá-blá-blá humano.

Maré que puxa com força, hoje.
É a lua cheia, talvez...

As retinas correm a cadeia de montanhas que circunda a praia.

(2004)

OS AUTORES

Ana Cristina Cesar ou Ana C.

(Ana Cristina Cruz Cesar)

[RIO DE JANEIRO (RJ), 1952 — RIO DE JANEIRO (RJ), 1983]

Poeta desde sempre, sua estreia literária ocorreu em 1959, aos 7 anos, nas páginas do "Suplemento Literário" do jornal carioca Tribuna da Imprensa. Ana Cristina teve brilhante trajetória escolar e acadêmica. Sua primeira viagem ao exterior foi ainda na adolescência, em 1969, em um programa de intercâmbio: morou e estudou em Londres, percorreu a Europa a passeio. Fez também viagens pela América Latina. Formou-se em Letras pela PUC-Rio (1975), fez mestrado em Comunicação na UFRJ (1979) e em Tradução Literária na Universidade de Essex, Inglaterra (1980). A partir dos 20 anos, desenvolveu intensa atividade profissional como professora, crítica literária, tradutora. Participou da imprensa alternativa na segunda metade dos anos 1970 e início dos 1980, destacando-se: *Opinião, Beijo* (de que foi cofundadora), *Versus, Almanaque, Leia Livros*. Como poeta, esteve integrada à "geração mimeógrafo": produziu artesanalmente seus dois primeiros livros, ambos em 1979: *Cenas de abril* e *Correspondência completa*, que depois foram incluídos em *A teus pés*. Em 1980, em Londres, publica outro livro artesanal, que ganharia edição brasileira em 1981 — *Luvas de pelica*, uma prosa poética. Lançado em dezembro de 1982 na coleção Cantadas Literárias da editora Brasiliense, o sucesso de *A teus pés* consagrou Ana Cristina entre os grandes poetas de sua geração, ao lado de Chacal, Francisco Alvim e Paulo Leminski. No ano seguinte, porém, a depressão surge com força, depois da ansiedade trazida pela repentina visibilidade. O sucesso vinha misturado a crises existenciais, amorosas, profissionais, vividas por Ana naquele momento. Entre viagens, internações em clínicas e tentativas de suicídio ao longo de 1983, Ana Cristina termina com sua vida atirando-se da janela dos fundos de seu apartamento, em outubro desse ano. O testemunho dos seus últimos meses de vida ficou registrado em poemas excepcionais, publicados postumamente em *Inéditos e dispersos*, coletânea organizada pelo poeta, amigo e confidente Armando Freitas Filho, outro expoente da geração de 1960/1970. A produção crítica de Ana Cristina Cesar encontra-se hoje reunida no volume *Crítica e tradução* igualmente organizado por Armando Freitas Filho e lançado em 1999. Nesse mesmo ano, a editora Aeroplano, do Rio de Janeiro, publicou um volume de *Correspondência incompleta*. Atualmente, a parte tornada pública do acervo documental de Ana C. encontra-se no Instituto Moreira Salles do Rio de Janeiro.

Cacaso

(ANTONIO CARLOS FERREIRA DE BRITO)
[UBERABA (MG), 1944 — RIO DE JANEIRO (RJ), 1987]

Poeta e letrista. Publicou seu primeiro livro de poesia, *A palavra cerzida*, em 1967. Dois anos depois formou-se em Filosofia na UFRJ. Lecionou Teoria Literária na PUC-Rio durante dez anos, de 1965 a 1975. Em 1974 e 1975 integrou dois grupos definidores do que viria a ser conhecido como poesia marginal: o Frenesi e o Vida Artista. Esses grupos produziram coleções de poesia, revistas, antologias e transformaram lançamentos de poesia em eventos performáticos. Do primeiro participaram, com Cacaso, Roberto Schwarz, Francisco Alvim, Geraldo Carneiro, João Carlos Pádua. Do segundo participaram Eudoro Augusto, Carlos Saldanha (Zuca Sardan), Chacal, Luiz Olavo Fontes. Cacaso escreveu crítica literária e de poesia em jornais da imprensa alternativa. Essa produção foi reunida postumamente no volume *Não quero prosa*, publicado em 1997 conjuntamente pelas editoras da UFRJ e da Unicamp. Depois de *A palavra cerzida* — livro de alta qualidade poética mas que ainda não traz os traços que se tornarão mais característicos de sua obra como um todo, ao incorporar a ironia como eixo de sua perspectiva poética — Cacaso publicou seis livros de poesia ao longo dos anos 1970 e 1980. Hoje, a obra poética completa está reunida no volume *Lero-lero*, publicado em esmerada edição no ano de 2002, pelas editoras 7Letras e Cosac&Naify. Personagem polêmico, Cacaso notabilizou-se nos anos 1970 por criticar as vanguardas, tanto a engajada, de esquerda, ligada ao Partido Comunista, quanto a vanguarda concretista. Assumiu uma postura de pós-vanguarda. Sua poesia busca retomar o coloquialismo e a poética da cotidianidade do modernismo de 1922, inspirando-se em Murilo Mendes, Manuel Bandeira, Carlos Drummond de Andrade, Oswald de Andrade. Dentre os poetas dos anos 1970, foi daqueles, junto com Francisco Alvim principalmente, que fez questão de poetizar a experiência dos chamados "anos de chumbo", os anos mais duros do regime militar, correspondentes ao período que vai de 1969 a 1974. Cacaso casou-se duas vezes e teve dois filhos, um menino (Pedro) no primeiro casamento, uma menina (Paula) no segundo. Morreu de enfarte aos 43 anos de idade.

Paulo Leminski
(Paulo Leminski Filho)
[Curitiba (PR), 1944 — Curitiba (PR), 1989]

Poeta, redator publicitário, letrista, biógrafo, tradutor literário, autor de livros infantojuvenis, faixa preta de judô: múltiplas foram as facetas da personalidade e atuação de Leminski. Esteve desde muito jovem ligado ao grupo concretista dos irmãos Haroldo e Augusto de Campos e Décio Pignatari, com quem travou contato ao participar do I Congresso Brasileiro de Poesia de Vanguarda, realizado em Belo Horizonte, em 1963. Estreou como poeta na revista *Invenção*, órgão de divulgação do Concretismo. Porém, independente da relação original e profunda mantida com esse movimento de vanguarda, Leminski acabou por desenvolver trajetória com luz própria e veio a se tornar um dos mais populares poetas do Brasil. Dentre os poetas surgidos nos anos 1970, é certamente o mais amplamente conhecido, junto com Adélia Prado. Sua popularidade está diretamente ligada a uma imagem de vanguarda, de espírito inquieto; não se trata portanto de uma popularidade de poeta oficial. Porém, desde sua morte, Leminski tem sido venerado no Paraná também em função de um orgulho local, inteiramente justificado. Sua marca registrada, desde o início, são os poemas curtos, os quais em seu caso remetem a toda uma valorização e apropriação do haicai, dentro de seu interesse mais amplo pela cultura japonesa como um todo. Praticou um pouco a poesia visual, na linha do Concretismo, mas não de maneira tão intensa quanto os criadores do movimento. Com a força adquirida pelo advento da poesia marginal, que trouxe a revalorização do verso modernista livre,

Leminski mostrou tendência a adaptar sua poesia a formas metrificadas clássicas, com largo uso da redondilha (versos de sete sílabas, de grande apelo mnemônico). Diferentemente de dois outros poetas também muito emblemáticos dos anos 1970, Cacaso e Francisco Alvim, que se alimentaram, como criadores, basicamente do legado modernista da geração de Drummond--Cabral-Bandeira, Leminski construiu sua poética a partir da apropriação de modelos de grandes poetas estrangeiros, como Ezra Pound e o clássico japonês Bashô, buscando um lirismo essencial e universal, despojado de referências históricas ou geográficas de cunho nacionalista ou regional. Leminski é também autor de uma das mais importantes obras em prosa experimental de vertente contracultural no Brasil: o romance-fluxo histórico *Catatau*, publicado em 1975, depois de oito anos de elaboração, período em que trechos do romance iam sendo publicados em revistas e periódicos alternativos. Em 1984, Leminski lançaria outro romance, intitulado *Agora é que são elas*. Apesar de muito ligado aos movimentos e periódicos poéticos dos anos 1960 e 1970, só começou a reunir seus poemas em livros nos anos 1980: *Caprichos e relaxos*, de 1983; *Distraídos venceremos*, de 1987. Postumamente, foram publicados *La vie en close*, em 1991, *Winterverno*, em 1994, e *O ex-estranho*, em 1996. A obra publicada do poeta inclui ainda ensaios literários, biografias e correspondência. Leminski foi casado durante 21 anos com a poeta Alice Ruiz, com quem teve três filhos. Morreu de cirrose hepática.

Torquato Neto
(Torquato Pereira de Araújo Neto)
[Teresina (PI), 1944 — Rio de Janeiro (RJ), 1972]

Poeta, prosador, jornalista, letrista de música, expoente do Tropicalismo e da contracultura da virada dos anos 1960 para 1970. Sua obra completa até agora documentada está reunida nos dois volumes de *Torquatália* (Rio de Janeiro, Ed. Rocco, 2003). Começou como jornalista no Rio aos 19 anos, mas em 1964 estava de volta à sua cidade natal, com um programa de rádio. De 1965 em diante, divide-se entre diversas atividades profissionais no eixo Rio-São Paulo. Casa-se em 1967 com Ana Maria Duarte. Como letrista, Torquato faz parcerias com Gilberto Gil, Edu Lobo, Jards Macalé. Em fins de 1968, depois de sua primeira internação, Torquato embarca para a Europa com o artista visual Hélio Oiticica. A eles junta-se Ana Maria em janeiro do ano seguinte. Viajam vários meses por Holanda, Londres, Paris e conhecem Espanha e Portugal antes de voltar para o Brasil. Em 1970, nasce o filho de Torquato e Ana Maria. Nesse mesmo ano, ocorre a segunda de suas quatro internações por razões psiquiátricas. Torquato manteve na imprensa carioca colunas que estiveram entre os referenciais de maior repercussão tanto no momento tropicalista de 1968 e 1969 quanto, depois, nos movimentos "marginal" e "udigrudi" do momento contracultural pós-tropicalista dos primeiros anos da década de 1970. Como porta-voz e arauto da contracultura na imprensa, destaca-se no jornalismo de Torquato a coluna "Geleia Geral", publicada na *Última Hora* de agosto de 1971 a março de 1972 e republicada na íntegra no segundo volume de *Torquatália*. Em 1971 e 1972,

Torquato passa rápido pela televisão e se aproxima decisivamente do cinema. Mas a depressão vence e ele tira sua própria vida no dia de seu vigésimo oitavo aniversário, em novembro de 1972. Durante esse ano, ainda participara da elaboração de *Navilouca*, revista que, no dizer de Paulo Roberto Pires (organizador de *Torquatália*), "foi uma espécie de resumo do movimento alternativo da época" e que só sairia em 1974, reunindo Waly Salomão, Haroldo de Campos e Hélio Oiticica, entre outros.

Waly Salomão
(Waly Dias Salomão)
[Jequié (BA), 1943 — Rio de Janeiro (RJ), 2003]

Além de poeta, Waly Salomão atuou em diversas áreas da cultura brasileira. Seu livro *Me segura que eu vou dar um troço*, lançado em 1972, é a primeira obra poética pós-tropicalista. Escrito durante a prisão do autor no Carandiru, é hoje considerada um clássico dos movimentos contraculturais que desenharam a cena literária e artística brasileira da década de 1970. Anárquico, iconoclasta, fragmentário, construído em flashes e mosaicos, o livro é um marco da poesia experimental. Do convívio nesse período com o artista plástico Hélio Oiticica, Waly escreveria em 1996 a biografia, intitulada *Hélio Oiticica: Qual é o parangolé?*. Entre seus trabalhos marcantes está o seminal show *Fa-tal*, de Gal Costa (1972), e a revista *Navilouca*, que, com sua edição única, sintetizou as propostas estéticas da vanguarda contracultural que se seguiu ao Tropicalismo e polarizou os debates literários dos primeiros anos da década de 1970. Nessa fase, Waly adotaria o pseudônimo Waly Sailormoon. Após o suicídio de Torquato Neto, Waly reuniu e organizou, junto com Ana Duarte, a primeira coletânea de escritos do poeta, *Os últimos dias de paupéria*, 1973. Em 1974, foi morar em Nova York, onde iniciou a série de trabalhos poético-visuais, *Babilaques*. Importante letrista, fez parcerias com diversos compositores como Caetano Veloso, Gilberto Gil, João Bosco, Adriana Calcanhotto, Lulu Santos e, principalmente, Jards Macalé, com quem compôs "Vapor Barato" e "Mal Secreto", entre outras. Foi também diretor de discos e shows como *Mel*, de Maria Bethânia, *Plural*, de Gal Costa, além de Cássia Eller. No final da década de 1980, foi coordenador do carnaval de Salvador. A partir dos anos 1990, Waly publicou uma sequência de excelentes livros de poesia: *Algaravias* (1996), vencedor dos prêmios Jabuti e Alphonsus de Guimarães da Biblioteca Nacional; *Lábia* (1998); *Tarifa de embarque* (2000) e o póstumo *Pescados vivos* (2004). Quando morreu, vitimado por um câncer do fígado, Waly ocupava a Secretaria do Livro e da Leitura do Ministério da Cultura, capitaneado por Gilberto Gil, e era um dos principais impulsionadores do grupo AfroReggae.

Bibliografia

Almeida, Maria Isabel Mendes de; Naves; Santuza Cambraia (orgs.). *Por que não?: rupturas e continuidades da contracultura*. Rio de Janeiro: 7 Letras, 2007.

Brito, Antônio Carlos de (Cacaso). *Beijo na boca*. Rio de Janeiro: 7Letras, s/d.

_____. *Lero-Lero*. Coleção Cosac Naify Portátil. São Paulo: Cosac & Naify, 2012.

Campedelli, Samira Youssef. *Poesia Marginal doas anos 70*. São Paulo: Scipione, 1995.

Cesar, Ana Cristina. *Crítica e tradução*. São Paulo: Ática; Instituto Moreira Salles, 2009.

_____. *Novas seletas*. Rio de Janeiro: Ediouro, 2004.

_____. *Poética*. São Paulo: Companhia das Letras, 2013.

Cesar, Ana Cristina; Cacaso; Chacal (et. alii). *Poesia marginal*. Coleção para gostar de ler. vol. 39. São Paulo: Editora Ática, 2006.

Ferraz, Eucanaã. *Poesia marginal: palavra e livro*. São Paulo: Instituto Moreira Salles, 2013.

Ferreira de Souza, Carlos Eduardo Siqueira. *A lírica fragmentária de Ana Cristina Cesar. Autobiografismo e montagem*. São Paulo: Educ, 2010.

Hollanda, Heloisa Buarque de. *26 poetas hoje*. Rio de Janeiro: Aeroplano, 1998. Disponínel em: http://www. heloisabuarquedehollanda.com.br/26-poetas-hoje-download/. Acesso em: 21/03/2016.

Leminski, Paulo. *Agora é que são elas*. São Paulo: Iluminuras, 2012.

_____. *Catatau*. São Paulo: Iluminuras, 2010.

_____. *Ensaios e anseios crípticos*. São Paulo: Unicamp, 2012.

_____. *Guerra dentro da gente*. São Paulo: Scipione, 2006.

_____. *O bicho alfabeto*. São Paulo: Cia. das Letrinhas, 2014.

_____. *O ex-estranho*. São Paulo: Iluminuras, 2009.

_____. *Toda poesia*. São Paulo: Companhia das Letras, 2013.

_____. *VIDA — Cruz e Sousa, Bashô, Jesus e Trótski*. São Paulo: Companhia das Letras, 2013.

Mattoso, Glauco. *O que é poesia Marginal?*. Coleção Primeiros passos. São Paulo: Brasiliense, 1981.

Moriconi, Italo. *Ana Cristina Cesar*. Rio de Janeiro: Relume Dumará, 1996.

Neto, Torquato. *Os últimos dias de Paupéria*. São Paulo: Editora Max Limonad, 1982.

_____. *Torquatália*. {*geleia geral*}. Rio de Janeiro: Rocco, 2004.

Salomão, Waly. *Alguaravias*. Rio de Janeiro: Rocco, 2007.

_____. *Armarinho de miudezas*. Rio de Janeiro: Rocco, 2005.

_____. *Gigolo de bibelôs*. Rio de Janeiro: Rocco, 2008.

_____.*Helio Oiticica: qual é o parangolé?*. São Paulo: Companhia das Letras, 2015.

_____. *Pescados Vivos.* Rio de Janeiro: Rocco, 2004.

_____. *Poesia total.* São Paulo: Companhia das Letras, 2015.

Crédito completo dos poemas

Wally Salomão
Poesia total de Wally Salomão. São Paulo: Companhia das letras,
2014. (As datas ao final de cada poema correspondem ao ano da
primeira publicação).

Ana Cristina Cesar
Poética, de Ana Cristina Cesar. São Paulo: Companhia das letras,
2013.

Este livro foi composto na tipografia Schneidler BT,
em corpo 10,5/15,5, e impresso em papel
off-white no Sistema Digital Instant Duplex
da Divisão Gráfica da Distribuidora Record.